KU-781-039

2/21

Bydd

WYCH!

DAVID MEREDITH

bwthyn
GWASG Y BWTHYN

Llyfrgelloedd B.S.Wrecsam
Wrecsam C.B.C. Libraries
3600
SYS £4.95
W158.1 ML

Cedwir pob hawl.

Ni chaniateir atgynhyrchu unrhyw ran o'r cyhoeddiad hwn na'i gadw mewn system adferadwy, na'i drosglwyddo mewn unrhyw ddull, na thrwy unrhyw gyfrwng, electronig, electrostatig, tâp magnetig, mecanyddol, ffotogopïo, recordio, nac fel arall, heb ganiatâd ymlaen llaw gan y cyhoeddwyr.

Cyhoeddwyd gyda chymorth
ariannol Cyngor Llyfrau Cymru

Dylunio: Olwen Fowler
Lluniau: iClipart, iStock

Cyhoeddwyd gan
Gwasg y Bwthyn, Caernarfon
gwasgybwthyn@btconnect.com
www.gwasgybwthyn.cymru
01286 672018

Cyflwynedig i’r teulu

Rhagair

Annwyl ddarllenydd hoff,

Mae'n anodd gwneud dim mewn cymdeithas heb gysylltu â phobl eraill yn adeiladol.

Wedi bod yn llefarydd ar ran croesdoriad o gwmnïau dros y blynyddoedd – cwmnïau teledu, banciau a sefydliadau cenedlaethol – dwi'n gobeithio y bydd y cynghorion oddi mewn i gloriau'r llyfr bach hwn yn gymorth i chi fwrw'r maen i'r wal. Gallwch wynebu problemau yn ffyddiog, herio pob sefyllfa anodd a chadw'n gall!

Bu fy mhrofiadau gyda phobl yn amrywiol – yng Nghymru, ym Mhrydain a thramor, gan gynnwys

Ffrainc, Rwsia, Tsieina a'r Unol Daleithiau. Fe'm taflwyd i aml i bwll dwfn gyda'r cyfarwyddyd i nofio!

Bu rhai sefyllfaoedd yn gymhleth i'w trin, ond diolch byth, pobl ydi pobl ar bum cyfandir!

Gobeithio y cewch fwynhad o'r geiriau sy'n dilyn. Mae rhai pwyntiau yn ddwys, rhai yn ysgafn, ond mae pob un ohonynt yn deillio o brofiadau amrywiol bywyd, gyda rhai yn deillio o sefyllfaoedd rhyfeddach na rhyfedd!

Byddwch wych!

David Meredith

Sialens

yw drws

wedi ei gau

nid rhwystr

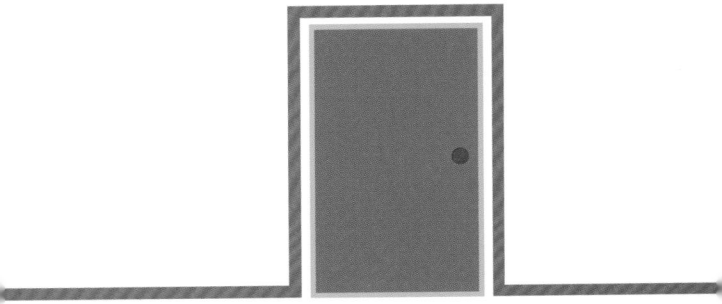

AMHOSIBL

Ni ddylai'r gair fodoli yn eich geirfa!

Defnyddiwch synnwyr cyffredin ar

bob

achlysur

Fedr neb weithredu
yn gall nac yn greadigol
mewn **stad o ofn**

Pobl yn gweithredu mewn
ofn yw un o broblemau mawr
y ddynoliaeth heddiw

Gall gwybodaeth a
pherthynas dda rhwng pobl
helpu i goncro ofn

Mae'n well i chi ymddangos yn dwp na gwneud i rywun arall deimlo'n dwp

Wrth wneud cwyn,
e.e. yn erbyn cwmni,
mynnwch siarad â'r bòs

Mae gan bob cwmni
gadeirydd neu
brif weithredwr

Peidiwch â mynd
i gors anobaith
drwy siarad â Twm,
Dic, Jên neu Harri

Mae pawb

yn bwysig

Wrth baratoi ar gyfer cyflwyniad neu ddigwyddiad cyhoeddus, byddwch yn gadarn o ran eich trefniadau ac o ran y manylion. Peidiwch â boddi ynddynt ond paratowch yn drylwyr bob amser

Meddyliwch
y gorau,
nid y gwaethaf,
ond byddwch
yn wyliadwrus

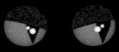

Ewch yn

wirion

weithiau!

Byddwch yn wahanol weithiau

Gweithredwch eich cynlluniau mwyaf bananas weithiau!

Ewch am y gorau, y mwyaf mentrus

Breuddwydiwch freuddwydion gwych!

Mae eich llais a'i oslef yn arf pwysig
Yn bwysicach nag unrhyw ffurf ddigidol ac /neu gyfathrebu ar-lein
Defnyddiwch eich llais

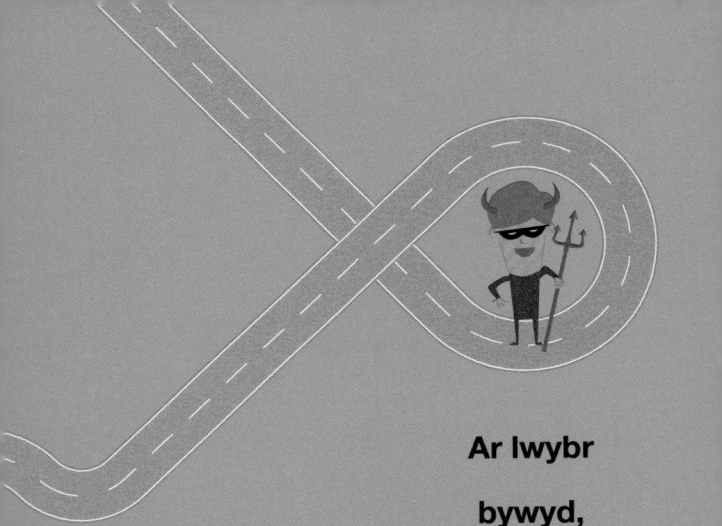

Ar lwybr bywyd, byddwch yn cyfarfod cythreuliaid

Y gamp fydd eu hadnabod!

Mae

GWYLLTIO'N

rhywbeth greddfol,

ond

rheolwch eich

gwylltineb yn llym

Sianelwch y grym

yma er gwell

Fel y dywed y gân,

'Arafa dy gam,

A mwffla dy reg'

Siaradwch â phawb

Peidiwch byth ag anwybyddu unrhyw un

Ewch i ben y mynydd...

Peidiwch â thin-droi yn y dyffryn

Anelwch am y copa bob amser

Mae gan syniad da draed

Gall deithio ymhell!

Os gwelwch eliffant ar stepen eich drws, byddwch yn garedig wrtho

Cofiwch eu bod yn cofio popeth!

@a?#!&!
Peidiwch byth â rhegi ar y ffôn neu mewn e-bost
Mae rhegi ar lafar neu mewn ysgrifen yn **gwylltio** gwrandäwr neu ddarllenydd ac yn **gwanhau** eich dadl

pwyllwch...

ystyriwch...

meddyliwch...

...cyn siarad

Byddwch yn
styfnig a
phenderfynol
dros eich **achos**
neu'ch
ymgyrch

Byddwch yn

gwrtais

yn eich

styfnigrwydd

Mae eich nerth chi
yn dibynnu ar
nerth pobl eraill

Mewn undod mae nerth

Byddwch yn deg wrth blant a phobl

Drwy deg y dôn nhw!

Gofalwch fod gam ar y blaen yn wastadol

Bydduch
yn
fentrus!

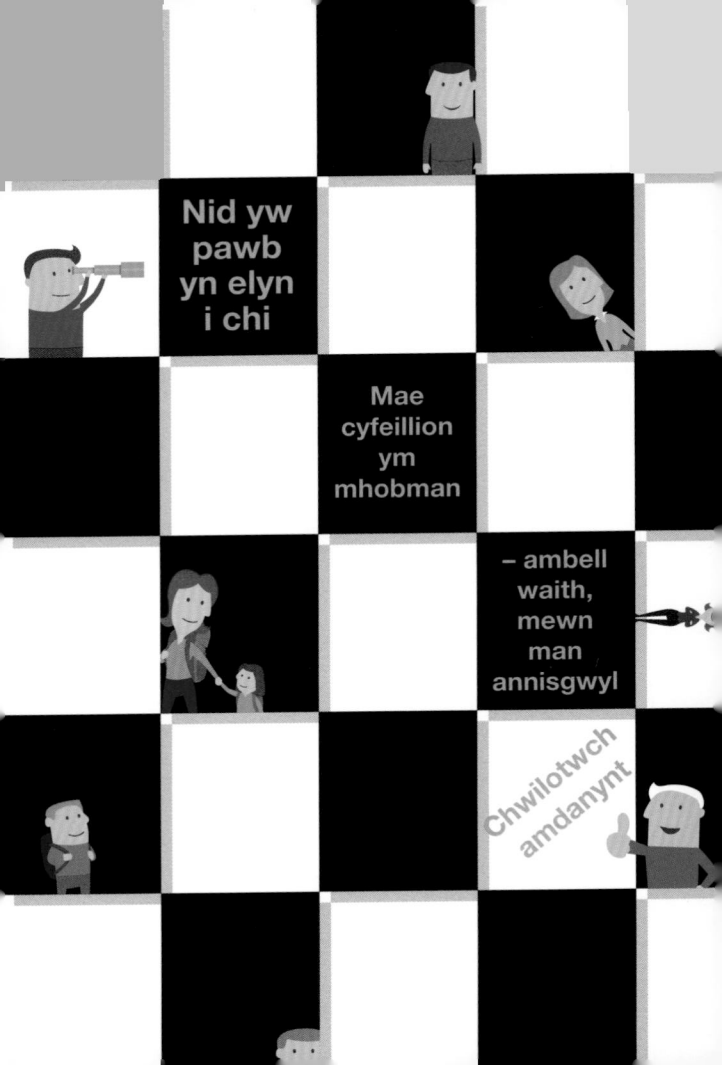
Nid yw pawb yn elyn i chi
Mae cyfeillion ym mhobman
– ambell waith, mewn man annisgwyl
Chwilotwch amdanynt

Gweithiwch yn galed i gren atgofion

gallant

fod

yn arf

pwerus

iawn

Yr egwyddor bwysicaf:

RHAID I'R SIOE FYND YN EI BLAEN DOED A DDELO!

Peidiwch â bod ofn ysbrydion rhithiol - dim ond y rhai y gallwch eu cyffwrdd!

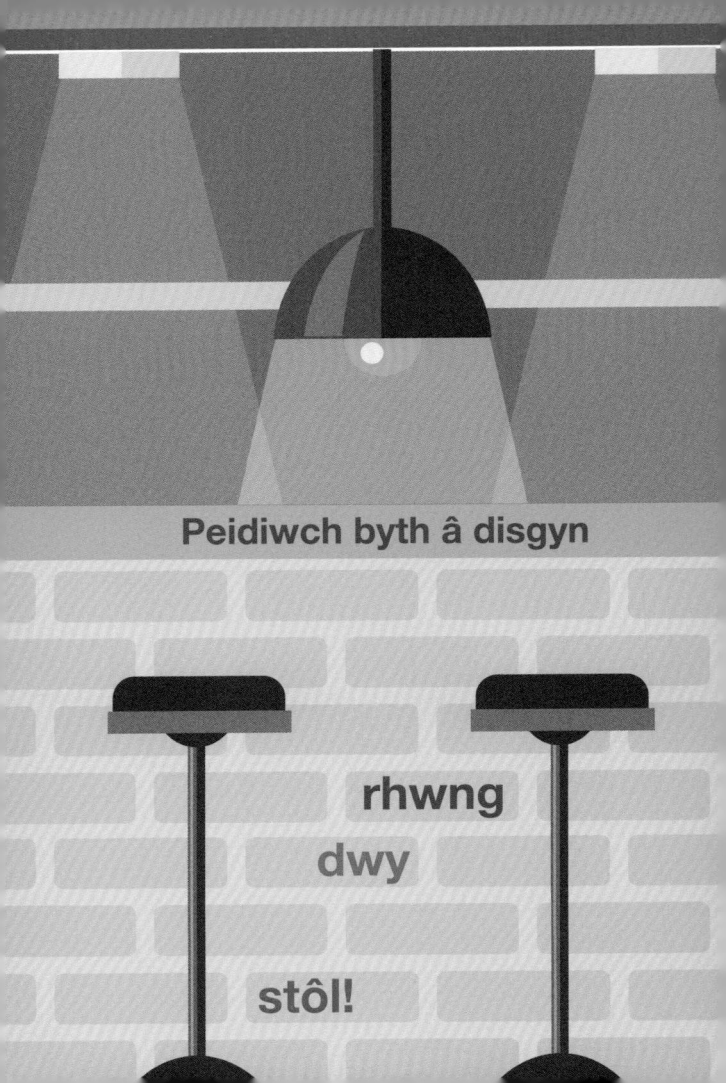
Peidiwch byth â disgyn
rhwng
dwy
stôl!

Peidiwch
byth â
derbyn

'na'

yn ateb

Dechrau'r daith
yw 'na',
nid y diwedd

Paratowch
bob amser
am y gwaethaf

ond

llawenhewch

pan

ddaw'r

gorau!

Mae mistar ar Mistar Mostyn!

Wrth geisio datrys ffrae neu gythrwbl,

Ambell waith gall caredigrwydd wneud y tric,

Neu cofiwch am rym paned o de a banana!

Wrth siarad yn gyhoeddus, gofalwch **anrhydeddu** eich cynulleidfa bob amser

Gofalwch bregethu **gobaith**

Gofalwch **ysbrydoli** eraill

Byddwch yn **gadarnhaol**

Byddwch yn ofalus gyda'ch arian

**Ac os ydych chi'n gweithio i gwmni,
byddwch yn ofalus iawn, iawn gyda'u harian nhw**

**Gwariwch fel petaech chi'n
gwario'ch arian chi eich hun**

Meddyliwch, ystyriwch cyn gwario

PEIDIWCH Â GADAEL DIM I FFAWD

GALL FFAWD EICH FFWNDRO!

Gwrandewch ar farn pawb

Ond...

gweithredwch yn ôl eich greddf eich hun

Diolchiadau

Diolch i Marred Glynn Jones am ei chymorth caredig a'i chrebwyll golygyddol goleuedig, ac i Wasg y Bwthyn am gyhoeddi'r llyfr poced hwn.

Diolch i'r dylunydd Olwen Fowler am sicrhau bod y llyfr wedi ei ddylunio'n ddeniadol a phwrpasol.

Diolch i Evan Dobson am ei gymorth dechreuol yn dehongli fy ysgrifen ddestlus, ac i'm cyfaill John Manzini am ysbrydoliaeth gyda'i agwedd wastadol gadarnhaol.

Mae'n bleser, hefyd, cael diolch i Gruffydd Meredith am ddal ati gyda'i ymgyrch i'm cael i gychwyn a gorffen y llyfr hwn. Mor wir yw'r hen ddihareb, 'Gwth o oedran fyn bob anogaeth'.

Rwyf yn ddyledus hefyd i Gwynfor Jones-Williams am ei hwb ffyddiog amserol i'r llyfr.